AF292775

METODA SIX SIGMA

KLUCZOWE INFORMACJE

- **Nazwy:** Six Sigma, 6 Sigma, 6 σ

- **Zastosowanie:** jakościowe, ilościowe i strukturalne podejście do zarządzania przedsiębiorstwem.

- **Dlaczego przynosi sukces?** Jest to precyzyjne podejście do doskonalenia kluczowych procesów biznesowych dla uzyskania niezawodności powyżej 99,99%. Celem jest osiągnięcie średniego poziomu 3,4 defektów na milion szans na defekt (gdzie np. 3,8 sigma odpowiada 10 000 defektów na milion).

- **Słowa kluczowe:**

  - <u>Klienci</u>: wszyscy agenci zainteresowani produktem lub usługą

  - <u>Wada</u>: niedoskonałość produktu

  - <u>DMAIC</u>: metoda menedżerska, której celem jest doskonalenie produktu lub usługi

  - <u>Odchylenie standardowe</u>: zróżnicowanie lub rozproszenie zmiennej względem progu (średniej)

  - <u>Zarządzanie projektem</u>: podejście stosowane w firmie w celu zorganizowania projektu w różnych etapach

- Informacja: dane służące do ustalenia całościowego obrazu danej sytuacji, bez pomijania szczegółów

- Cel strategiczny: ukierunkowany na równowagę, obejmujący działania prowadzące do uzyskania korzyści w postaci korzystnej pozycji rynkowej

- Narzędzie statystyczne: metoda analizy dla bazy danych, przy zastosowaniu podejścia numerycznego

- Wydajność: wynik liczbowy

- Proces: różne etapy produkcji

- Jakość: cechy definiujące produkt

- Sigma (σ): Grecka litera reprezentująca odchylenie standardowe w statystyce.

WSTĘP

W obliczu oferty produktowej, która nie satysfakcjonuje klientów lub firmy w wystarczającym stopniu lub w ogóle, ta ostatnia może zdecydować się na ponowne rozważenie przebiegu pracy (produkcji, itp.), aby konkretnie poprawić jej jakość. Metoda Six Sigma pozwala na kalibrację nowych celów i zmniejszenie prawdopodobieństwa wystąpienia zmienności w ramach procesu, po przeprowadzeniu szczegółowej analizy w celu zidentyfikowania wad, które wpływają na zadowolenie zarówno klientów i pracowników, ale także firmy.

Historia

W połowie lat 80. amerykańska firma Motorola stanęła pod znaczną presją producentów azjatyckich, zwłaszcza japońskich, ponieważ jej system produkcyjny, zasadniczo różniący się od systemów azjatyckich, nie wydawał się już odpowiedni do realiów rynku. Przez całe lata 70. japońskie fabryki bardziej skupiały się na trwałości i niezawodności i dlatego oferowały prostsze modele niż te z fabryk amerykańskich, które kładły większy nacisk na elementy jakościowe (projekt modelu, opcje itp.).). Amerykańskie fabryki zwracały się wówczas ku inspekcjom w celu kontroli produktów (metoda zawodna i kosztowna).

W obliczu spadku zysków kierownictwo Motoroli postanowiło wówczas zmienić filozofię i połączyć narzędzia statystyczne z zasadami przywództwa, tworząc podstawę kompleksowego systemu zarządzania: Six Sigma. Rezultaty były widoczne natychmiast, gdyż jakość produktów uległa natychmiastowej poprawie. Proces ten zaczął się rozpowszechniać w latach 90. i został zaadoptowany przez General Electric, który szybko doświadczył korzyści płynących z tej metody zarządzania.

Dziś większość dużych firm zdecydowała się na ten system: Caterpillar, Kodak, SFR itp. Six Sigma stała się standardem jakości w zakresie praktyki biznesowej i jest wykładana w wielu szkołach biznesu na całym świecie.

Definicja modelu

Six Sigma to podejście analityczne oparte na statystycznie zweryfikowanych faktach, którego celem jest poprawa funkcjonowania firmy (produkcji, administracji itp.) przy niższych kosztach oraz zapewnienie jakości (niezawodności na poziomie 99,99%) produktów lub usług dla klientów. Metoda ta bierze swoją nazwę od specyficznego narzędzia statystycznego: odchylenia standardowego, reprezentowanego przez grecką literę σ. W rzeczywistości Six Sigma wykorzystuje analizę procesów, aby dostarczyć produkt w "luce jakościowej" (tj. nie więcej niż 3 σ od średniej) oczekiwanej przez klienta i firmę. Dzięki temu firma może ograniczyć zmienność i defekty w procesie.

TEORIA

Firmy stosujące tę metodę zarządzania jakością do doskonalenia swoich produktów koncentrują się na trzech priorytetach: klientach, pracownikach i procesach. Ustalenie priorytetów dla klientów oznacza, że można ich zidentyfikować, poznać ich oczekiwania i przewidzieć wartość dodaną, jaką firma mogłaby im zapewnić. Wydaje się to oczywiste, a jednak wiele firm ma tendencję do zapominania, że zysk pochodzi z zadowolenia klienta. Pozostałe dwa priorytety również muszą znaleźć się w centrum zainteresowania firmy, ponieważ ich zaniedbanie może pośrednio wywołać niezadowolenie klientów – te trzy obszary są ze sobą powiązane.

Six Sigma opiera się na dwóch metodologiach. Ich zastosowanie zależy od kontekstu, w jakim firma chce rozszerzyć swoją produkcję: o rozbudowę lub stworzenie produktu.

DMAIC

Wdrażając Six Sigma w celu poprawy wyników istniejącego produktu lub usługi, należy przestrzegać następującego procesu, zwanego "DMAIC":

- **Definiowanie.** Zdefiniowanie klientów, oczekiwań, karty zespołu z konkretnymi miernikami organizacji etapu rozwoju projektu, ogólnego procesu i wyników finansowych.

- **Pomiar.** Zmierz i zbierz dane (defekty) procesu.

- **Analiza.** Przeanalizuj zebrane dane i proces w celu zidentyfikowania problemów związanych z obecną sytuacją.

- **Ulepszaj.** Wprowadzaj innowacje, aby zidentyfikować potencjalne rozwiązania, a następnie zastosuj je na małą skalę, aby sprawdzić, czy skutecznie poprawiają wydajność procesu.

- **Kontrola.** Kontrolowanie, uszczegóławianie i wdrażanie planu, który ma zapewnić, że poprawa nastąpi na większą skalę.

DMADV

Metodyka DMAIC jest wykorzystywana do doskonalenia istniejącego produktu lub usługi. W przypadku rozwoju i projektowania nowego produktu lub usługi stosuje się inną metodykę: "DMADV" (Define, Measure, Analyse, Design and Verify).

Etap projektowania w DMADV obejmuje wykonanie produktu lub ustanowienie usługi. Zespół zapewnia zgodność produktu z wymaganiami.

CZYM JEST SIX SIGMA?

Na poziomie technicznym, Six Sigma opiera się na teorii zmienności, co oznacza, że wszystko jest statystycznie mierzalne w porównaniu do ciągłej skali (waga, wzrost, tempo, itp.), która podąża za krzywą w kształcie dzwonu. Ta, zwana "krzywą gaussowską", jest symetryczna i reprezentuje praktycznie 100% tego, co jest mierzone. Można ją podzielić na kilka odcinków – odchyleń standardowych oznaczonych grecką literą σ (sigma) – które określają zmienność, natomiast oś reprezentowana przez literę μ (mu) to średnia, do której zbliża się każdy proces. Im słabsza jest ta zmienność, tym bardziej produkcja jest zgodna z wartościami zbliżonymi do celu.

Zastosowanie Six Sigma polega na pomiarze bieżącej wydajności, a żeby to zrobić, konieczne jest określenie sigmy pomiędzy średnią rzeczywistą a średnią μ, która pokazuje doskonałość produktu lub usługi, a więc pośrednio pokazuje średnią satysfakcję klienta. Traktując niezadowolenie klienta jako defekt, wskazywany przez odległość od optymalnego poziomu satysfakcji, Six Sigma oznacza, że na milion możliwości będzie tylko 3,4 defektu. W tym kontekście firma koncentruje się na jakości, która zadowala klienta, aby osiągnąć stan bliski doskonałości: szczyt krzywej μ. Statystycznie rzecz biorąc, wariancja nie może być ujemna. Ujemna i dodatnia sigma wyrażają jedynie odległość między produktem o maksymalnej średniej jakości, która zadowala klienta.

Six Sigma (poprzez dobre zarządzanie procesami) może być zatem wykorzystana do określenia, jak blisko firma jest najlepszych poziomów wydajności.

Six Sigma nie powinna być jednak traktowana jako narzędzie techniczne. Firmy, które zdecydują się na zastosowanie tej metody, muszą postrzegać ją jako możliwość, która pozwala im zrozumieć wszystko, co należy zrobić, aby osiągnąć stan bliski doskonałości i stale poprawiać wyniki.

Oczywiście, gdy firma zacznie mierzyć swoje sigma, może szybko się zniechęcić, zwłaszcza gdy zauważy, że wiele wyników znajduje się w przedziale odbiegającym od optimum (w poziomie o wartości bezwzględnej 1 lub 2 σ). Należy jednak myśleć o tej metodzie jako o "polityce permanentnego niezadowolenia" w odniesieniu do uzyskanych wyników. W rzeczywistości zachęca ona wszystkich pracowników do ciągłego zmniejszania odchyleń.

PROJEKTANCI

Poza procedurami przedstawionymi powyżej, nie możemy pominąć wkładu innych narzędzi stosowanych na różnych etapach wdrażania Six Sigma (burza mózgów, diagramy, itp.) w celu ciągłego doskonalenia i kontynuowania procesu. Konkretnie, różne podmioty społeczne uczestniczą w dyskusjach i pracują nad opracowaniem metody upstream.

Po pierwsze, **szef firmy** musi być w taki czy inny sposób zaangażowany w przyjęcie filozofii Six Sigma i rozpowszechnienie jej w całej organizacji, od samego początku. Zespół odpowiedzialny za wdrożenie procesu doskonalenia nie może odnieść sukcesu bez jego pełnego wsparcia. Osoby, które pracują nad projektami Six Sigma, należą zazwyczaj do najbardziej kompetentnych obszarów organizacji. Hierarchia składa się z następujących elementów:

- **Mistrzowie** są gwarantami realizacji projektu. Pomagają Black Beltom wybrać projekty doskonalące, nad którymi warto pracować, oszacować ich potencjał i ocenić produkty firmy w porównaniu z produktami konkurencji. Rolą Mistrzów jest zapewnienie nadzoru, wsparcia i finansowania projektów Six Sigma oraz zarządzanie personelem potrzebnym do ich realizacji. Są oni filarami projektu i dlatego wybierani są spośród najlepszych osób.

- **Black Belts** są liderami projektu i jedynymi osobami, które pracują nad nim w pełnym wymiarze czasu. Nierzadko przechodzą oni wcześniejsze szkolenie, aby lepiej zdefiniować swoją misję i bezpośrednio zastosować pięć faz metodyki DMAIC prowadzącej do Six Sigma.

- **Green Belts** pomagają Black Beltom w realizacji projektu. Odbywają również szkolenia, dzięki którym zespół mówi tym samym językiem i dzięki temu pracuje na wspólny cel.

Six Sigma to pierwsza metoda zarządzania, która angażuje górę piramidy w takim samym stopniu, jak dół. Jest to proces, który wprowadza do biznesu pewną dynamikę.

OGRANICZENIA I ROZSZERZENIA

OGRANICZENIA I KRYTYKA

Six Sigma jest często postrzegana jako rewolucyjne i potężne narzędzie zarządzania dzięki wynikom odnotowanym przez wiele firm, które je przyjęły. Jednakże, jak wszystkie metody, ma ona pewne ograniczenia, zarówno metodologiczne, jak i terminologiczne. Ponadto, jak w przypadku wielu innych aspektów ekonomicznych, istnieje różnica między aspektem teoretycznym a praktycznym. Amerykański ekonomista George Eckes, specjalista od Six Sigma, zwraca uwagę na niepowodzenia często obserwowane podczas stosowania tej metody i proponuje pewne zalecenia:

- **Weź pod uwagę, że poprawa jakości nie wynika tylko z poprawy statystyk.** Rygor i dyscyplina mogą być znaczącymi atutami, ale nie obejmują wszystkich środków niezbędnych do właściwego zarządzania i doskonalenia procesu. Six Sigma łączy szereg uzupełniających się obszarów i w żadnym wypadku nie pomija aspektu ludzkiego, który jest zarówno aktorem (pracownicy w firmie), jak i celem (klienci do zaspokojenia). Aspekt ten jest często pomijany podczas aplikacji w przedsiębiorstwie.

- **Uświadom sobie, że redukcja kosztów jest tylko jednym z etapów procesu doskonalenia.** Six Sigma nie polega na programowaniu redukcji kosztów dla celów strategicznych. Wręcz przeciwnie, metoda ta opowiada się za efektywnością i skutecznością poprzez przeorientowanie celów firmy na oczekiwania klienta, a nie podejście księgowe, które kalkuluje znane koszty i zaniedbuje wpływ na klienta.

- **Pamiętaj, aby uwzględnić doskonalenie w opisach stanowisk pracy.** Nie zawsze łatwo jest zreformować jakiś proces w firmie w celu zastosowania Six Sigma. Pracownicy lub pracownice często uważają, że nie mają czasu na taką ponowną ocenę i sądzą, że już poświęcają firmie wystarczająco dużo czasu. Tymczasem ta "nadwyżka" czasu, którą poświęcają na pracę dla firmy, wynika często z nieefektywności. Nie musi to wynikać z niechęci pracownika, ale raczej z samego procesu.

- **Pamiętaj, że dynamika zespołu jest wiodącą przyczyną niepowodzenia projektu.** Choć zarządzanie dynamiką zespołu wydaje się łatwe, jest to jedno z głównych źródeł niepowodzeń. Dlatego ważne jest, aby zbudować solidne fundamenty. Aby to zrobić, kierownik projektu musi jasno wyjaśnić tajniki projektu. Nadzór nad spotkaniami, ustalenie agendy oraz określenie odpowiednich ról i obowiązków to punkty wyjścia, dzięki którym projekt nie rozpocznie się na chwiejnym gruncie.

- **Weź pod uwagę, że Black Belts nie są całkowicie odpowiedzialni za wysiłki.** Black Belts mają być liderami zespołu. Jak wyjaśniono powyżej, są to zazwyczaj osoby przeszkolone w zakresie stosowania narzędzi i technik doskonalenia – prawie jak liderzy operacyjni. Niebezpieczeństwo polega na tym, że wszyscy (łącznie z liderami firmy) oddzielają się od odpowiedzialności za projekt, ponieważ wyobrażają sobie, że krajowi eksperci są po to, by uruchomić Six Sigma. Tymczasem prawidłowe funkcjonowanie firmy bierze się z pracy zespołowej, a w jej realizację zaangażowane są wszystkie hierarchiczne stanowiska kierownicze.

- **Potraktuj Six Sigma jako doskonalenie ciągłości.** Jednym z założeń metody jest praca w ciągłości i ciągłe zapewnienie jakości procesu, a nie tworzenie zespołu odpowiedzialnego za Six Sigma, gdy tylko w firmie pojawi się problem nieefektywności lub wydajności.

- **Myśl o kierownictwie jako o aktywnym graczu.** Aby Six Sigma zadziałała, liderzy firmy muszą pobrudzić sobie ręce i uznać się za uczestników pracy firmy. Kierownictwo wyższego szczebla zdaje sobie sprawę, że zjawisko kulturowe jest ważnym elementem zarządzania przedsiębiorstwem. Jedną z mocnych stron Six Sigma jest to, że zachęca ona do proaktywnej postawy na wszystkich szczeblach hierarchii.

- **Bądź świadomy zmian w zarządzaniu przedsiębiorstwem.** Jeśli zmiany na poziomach strategicznych nie są dobrze zarządzane przez firmę, potencjalne wyniki pozostaną niskie.

POWIĄZANE MODELE I ROZSZERZENIA

Lean Six Sigma (LSS)

Lean Six Sigma (LSS) jest rozszerzeniem Six Sigma, które zyskuje coraz większe znaczenie. W większym stopniu skupia się na procesie produkcyjnym, podczas gdy Six Sigma skupia się głównie na samym produkcie. Ten powiązany model pozwala na skrócenie czasu pracy i okresów oczekiwania niezbędnych do ustanowienia bardziej efektywnego procesu.

Celami strategicznymi tego modelu są:

- zwiększenie wartości dodanej zadań procesowych;

- redukcja czasu i kosztów procesu poprzez eliminację czynności bez wartości dodanej;

- czynienie procesów bardziej płynnymi;

- poprawa jakości produktów według klientów;

- zachęcanie do rozwijania w firmie kultury ciągłego doskonalenia.

Główne obszary działania to:

- zdefiniowanie wartości i określenie kroków, które ją tworzą;

- identyfikacja i eliminacja marnotrawstwa i ukrytych kosztów;

- kontrola źródeł zmienności poprzez śledzenie etapów procesu.

Kompleksowe zarządzanie jakością (TQM)

Total Quality Management jest starszym od Six Sigma podejściem do zarządzania jakością. Ich wspólnym celem jest zmobilizowanie całej firmy do osiągnięcia doskonałej jakości przy jednoczesnym ograniczeniu marnotrawstwa i poprawieniu produktu końcowego poprzez wydajność. TQM skupia się na kliencie – satysfakcji i lojalności – choć praktyka kontroli jakości i samokontroli jest tu niezbędna.

Metodologia modelu jest następująca:

- **Plan.** Opracowanie celów strategicznych i planów poprawy harmonogramu.

- **Wykonanie.** Wdrożenie i zastosowanie ulepszonych procesów produkcyjnych.

- **Sprawdzenie.** Analiza satysfakcji i kontrola jakości produktu.

- **Działanie.** Korekta kosztów i odpadów oraz kontrola etapów produkcji.

Według amerykańskiego specjalisty od zarządzania projektami Franka Anbari, Six Sigma jest bardziej kompletna i wszechstronna niż TQM, ponieważ dostarcza wyników finansowych oraz łączy zaawansowane narzędzia analizy i metody zarządzania. Podsumowuje on również relacje między tymi dwoma metodykami: Six Sigma = TQM + koncentracja na kliencie + komplementarne narzędzia analizy danych + wyniki finansowe + zarządzanie projektem.

PRAKTYCZNE ZASTOSOWANIE

PORADY I NAJWAŻNIEJSZE WSKAZÓWKI

Zastosujemy teraz metodologię DMAIC, przedstawioną powyżej, aby praktycznie zwizualizować jej wkład w ramach firmy. Aby firma mogła zainicjować strategiczną transformację, taką jak Six Sigma, musi skutecznie zintegrować pięć następujących kroków jako wytyczne.

- **Zdefiniuj cel, który ma zostać osiągnięty w ramach doskonalenia.** Ten krok pozwala pokierować zespołem tak, aby wszyscy członkowie szli w tym samym kierunku. Wspomaga również analizę powiązań pomiędzy poszczególnymi etapami procesu, a co za tym idzie, pracę nad doskonaleniem produktu, identyfikację potrzeb klienta oraz oszacowanie oczekiwanych rezultatów. Ważne jest, aby obiektywnie zdefiniować projekt, kwantyfikując go za pomocą bazy danych. Faza zbierania danych jest kluczowym etapem, ponieważ służy jako podstawa robocza dla całego projektu.

- **Zmierz aktualną średnią produkcję.** Istotne jest, aby zmierzyć, co proces jest w stanie wyprodukować i ocenić liczbę defektów. Dzięki temu Black Belts znają częstotliwość występowania defektów i dokonują porównań z konkurencją. Ważne jest, aby skupić się na kluczowych elementach procesu, czyli tych, które mają największy wpływ na jakość. Ten krok umożliwia zmierzenie sigmy, czyli odchylenia standardowego procesu, co jest przydatne w dostrzeganiu różnicy między aktualną średnią a celem, czyli idealną średnią do osiągnięcia.

- **Analizuj dalej, aby określić, co jest przyczyną luki.** Uzyskane dane są analizowane w celu oceny wydajności procesów w odniesieniu do ich możliwości oraz tego, co robią konkurenci. Celem tego kroku jest obliczenie luk w wydajności (czyli różnic pomiędzy tym, co jest robione dzisiaj, a tym, co może być robione w przyszłości). Musimy zatem analizować uzyskane pomiary, szukać przyczyn źródłowych, zatwierdzać je itd.

- **Wprowadzaj innowacje, aby wypełnić odchylenie standardowe i przesunąć średnią.** Podczas tego etapu należy zaproponować potencjalne rozwiązania, aby załatać luki obecne w procesie i w większym stopniu odpowiedzieć na oczekiwania klientów dotyczące wydajności.

- **Kontrola nowych wyników pod względem jakości.** Podczas tego ostatniego etapu należy dokonać ostatecznych kontroli, aby utrzymać osiągnięty poziom jakości oraz zapewnić wydajny i ciągły proces rozwoju. W tym celu Black Belts wdrażają określone działania mające na celu utrzymanie nowo zainstalowanych kluczowych elementów w organizacji pracy. Powinni również sprawdzać, czy zespoły dobrze podążają za procesem, mierzyć wyniki i zatwierdzać działanie planu. Jeśli pojawi się nowy problem, Black

Belts i ich zespoły muszą być w stanie odbić się od dna i natychmiast przerobić proces.

Podsumowując wszystkie te kroki, należy zdefiniować projekt, zmierzyć obecną wydajność, zidentyfikować problemy poprzez analizę, wprowadzić innowacje poprzez odpowiednie rozwiązania i kontrolować zrekonfigurowany proces, aby zapewnić, że problem został rzeczywiście rozwiązany.

DOBRZE WIEDZIEĆ

Według amerykańskiego ekonomisty George'a Eckesa, aby właściwie przeprowadzić strategiczną transformację jakości i skutecznie zarządzać tym procesem, warto rozważyć osiem praktycznych kroków:

wspólnie określić porozumienie w sprawie celów strategicznych;

stworzyć procesy ogólne, kluczowe podprocesy i procesy wdrożeniowe;

wyznaczyć Black Belts procesów;

ustalić strategię, w której poszczególne zespoły określają kroki i cele w całym procesie;

zebrać niezbędne dane dla wybranej karty wyników;

określić kryteria wyboru projektów;

wybierać projekty z zastosowaniem tych kryteriów;

stale zarządzać procesem, aby osiągnąć cele strategiczne firmy.

STUDIUM PRZYPADKU

Projekt firmy X polega na udoskonaleniu narzędzia wspomagania decyzji (bazy danych) dla sprzedawców, tak aby mogli oni dokonywać szacunków sprzedaży w przód.

Definicja projektu i uczestnicy projektu

Projekt ten jest realizowany, ponieważ wielu sprzedawców jest niezadowolonych z tej bazy danych, która jest uważana za zawodną ze względu na brak aktualizacji. Narzędzie to nie pozwala im na prawidłowe prognozowanie sprzedaży. Przeprowadzane są liczne wywiady i badania w celu zdefiniowania projektu, a także głównych graczy:

- Priorytetem jest identyfikacja problemu i procesów niezbędnych do usprawnienia narzędzia wspomagającego podejmowanie decyzji. W naszym przypadku polega to na znalezieniu wiarygodnego sposobu przewidywania przyszłych stawek finansowych.

- Narzędzie zwane "analizą interesariuszy" (zaczerpnięte z modułu szkoleniowego UE dotyczącego współpracy technicznej i rzecznictwa) umożliwia stworzenie szablonu, pozycjonującego różne podmioty i/lub działy: dział finansowy, dział sprzedaży i dział IT. Szablon przedstawiony w postaci siatki organizuje interesariuszy według ich interesów i władzy (od niskich do wysokich) oraz określa ich postawę, wpływ i znaczenie z punktu widzenia celu.

Ponadto, aby projekt został pomyślnie zrealizowany, firma musi przekonać do siebie także niektóre działy – w tym dział IT – które są niechętne i uważają, że jest to zbędny krok.

Pomiar i analiza zdolności procesu

Zanim będzie można zdefiniować nowy proces, zespół musi wziąć odpowiedzialność za bazę danych i sporządzić listę dostępnych informacji i kroków, a następnie zbadać potencjalną wartość dodaną idealnego narzędzia. Innymi słowy, należy przeprowadzić analizę według produktów, linii produktów, daty sprzedaży itp. w celu zidentyfikowania luk i poprawy jakości danych.

Następnie musimy znaleźć informacje wewnętrznie (sprzedaż, zapasy, jakość produktów itp.), które stanowią wystarczająco reprezentatywną część procesu doskonalenia, aby osiągnąć najwyższą wydajność w zakresie jakości danych. Zespół pracujący nad projektem pobiera 100 partii danych, aby je przeanalizować i sprawdzić z zespołami sprzedaży, które z nich są niezaprzeczalnie wiarygodne.

W ten sposób określa się próbę odpowiadającą reprezentatywnej części całej populacji kraju, w którym znajduje się przedsiębiorstwo, w celu obserwacji realiów w terenie. Tak więc przez kilka dni Black Belts pracują z zespołami sprzedaży, aby ręcznie zweryfikować dane i porównać je z fakturami. Wyniki nie są natychmiastowe: wśród faktur mogą być braki, duplikaty lub takie, które są nieprawidłowe.

Następnie zespół jest odpowiedzialny za określenie aktualnej wydajności oraz tej, która ma być osiągnięta poprzez nowe działania do wdrożenia poprzez system Six Sigma. Konkretnie dąży do korekty o 1,5 sigma, przechodząc z 4,5 do 6 sigma.

Widzimy, że przejście z 4,5 do 6 sigma powoduje znaczny spadek wskaźnika wadliwości, osiągając ostatecznie wskaźnik niezawodności na poziomie 99,99% (czyli słynny wskaźnik wadliwości 3,4 defektów na milion, wyrażony objętościowo poniżej).

Po zbadaniu danych eksperci identyfikują główną wadę, która wpływa na jakość danych, a mianowicie niewłaściwą obsługę narzędzia przez sprzedawców. Wynika to z szeregu czynników:

- zbyt wiele osób może kodować informacje, ale nie jest ustalona odpowiedzialność;

- wielu obserwuje brak zainteresowania i błędne dane.

Baza danych, jako stosunkowo złożona, cierpi z powodu zmian i nieprecyzyjnego użycia przez osoby nieprzeszkolone w tego typu narzędziach. Następnie zmierzyli możliwości lub źródła błędów:

- niekompetentne osoby wprowadzające informacje;

- nieprawidłowo zakodowane dane.

Zalecenia

Oto proponowane rozwiązania:

- ustalić sesje dostępu do bazy danych i wskazać osoby, które mogą z nich skorzystać;

- uczynić niektóre pola obowiązkowymi dla osób zaangażowanych.

Aby zastosować te zalecenia, konieczne jest przeorientowanie zespołów: tylko zespół sprzedawców posiada dostęp do bazy danych, podczas gdy zespół IT jest odpowiedzialny za zdefiniowanie wymaganych pól przez użytkowników (sprzedawców). Zespół IT szybko wdraża wymagane narzędzia, podczas gdy zespół sprzedaży jest bardziej powściągliwy. Kierownik zespołu informatycznego zapewnia następnie program motywacyjny równoważny testowi (w okresie dwóch miesięcy), który wyłoni najlepszego sprzedawcę (tego, którego jakość zakodowanej daty jest lepsza) i nagrodzi go premią.

Monitorowanie nowego procesu

Po tym teście podejmowane są działania mające na celu sprawdzenie wiarygodności tej nowej metody kodowania danych. Wśród nich jest wiele narzędzi statystycznych (takich jak średnia i odchylenie standardowe). Ta ostatnia część, bardzo ważna, jest często pomijana z powodu braku czasu, co podważa wiele początkowo dobrze wykonanych projektów.

PODSUMOWANIE

- Six Sigma to podejście statystyczne dla przedsiębiorstw. Sprawia, że klienci są w centrum zainteresowania, aby przyciągnąć ich lepszą jakością produktu.

- Są trzy priorytety: klienci, pracownicy i procesy.

- Od trzydziestu lat firmy takie jak Motorola, General Electric, Kodak i SFR stosują Six Sigma w celu usprawnienia i uzyskania lub utrzymania przewagi konkurencyjnej.

- Gdy cel Six Sigma zostanie osiągnięty, co w praktyce się nie zdarza, mamy do czynienia z niemal idealnym wskaźnikiem niezawodności: 3,4 defektów na milion szans na defekt (czyli niezawodność 99,99%).

- Filozofia Six Sigma zachęca do ciągłego przewartościowania, które jest podtrzymywane w czasie (relentless pursuit of perfection).

- Aby wdrożenie metody zakończyło się sukcesem, musi w nim uczestniczyć cała firma.

- Six Sigma może zawieść, jeśli weźmiemy pod uwagę tylko aspekty techniczne (redukcja kosztów itp.).

- Jeśli zmiana nie jest dobrze zarządzana w firmie, możliwe wyniki pozostają niskie.

- Lean Six Sigma jest rozwinięciem metody, która skupia się bardziej na procesie produkcji.

- Jeśli chcesz zapewnić sukces podejścia, ważne jest, aby dokładnie przestrzegać kroków metodyki DMAIC.

DALSZE CZYTANIE

BIBLIOGRAFIA

Ait Belkacem, E. H. (2005) *Puissance Six Sigma*. Paris: Dunod.

Atmaca, E. and Gineres, S. S. (2013) Lean Six Sigma Methodology and Application. *Quality & Quantity*. 47(4).

Berger, A. (2002) Six Sigma : un échelon en plus de la productivité ? *Dossier technique des pays de Savoie*.

Eckes, G. (2001) *Objectif Six Sigma. La révolution dans la qualité*. Paris: Pearson.

Kwak, Y. H. i Anbari, F. T. (2006) Korzyści, przeszkody i przyszłość podejścia Six Sigma. *Technovation*. 6(5-6).

Larson, A. (2003) *Demistifying Six Sigma: A company-wide Approach to Continuous Improvement*. Amacon: American Management Association.

Linderman, K., Schroeder, R. G., Zaher, S. and Choo, A. S. (2003) Six Sigma : a Goal-Theoretic Perspective. *Journal of Operation Management*. 21(2).

Pande, P. S., Neuman, R. P., and Cavanagh, R. R. (2000) *The Six Sigma Way. Jak GE, MOTOROLA i inne najlepsze firmy doskonalą swoją wydajność*. New-York: McGraw-Hill Companies.

Truscott, W. T. (2003) *Six Sigma: Continual Improvement for Business*. Oxford: Butterworth Heinemann.

Chcemy usłyszeć od Ciebie, co się dzieje!
Zostaw komentarz na temat swojej internetowej biblioteki
i podziel się swoimi ulubionymi książkami w mediach społecznościowych!

Wydawca zapewnia o wiarygodności publikowanych informacji, co jednak nie może wiązać się z jego odpowiedzialnością.

Master ISBN : 9782808066570
Papierowy ISBN : 9782808099820
Depozyt prawny: D/2022/12603/157

Projekt cyfrowy: Primento – cyfrowy partner wydawców.